PESTLE ANALIZI

İş ortamınızı anlayın ve planlayın

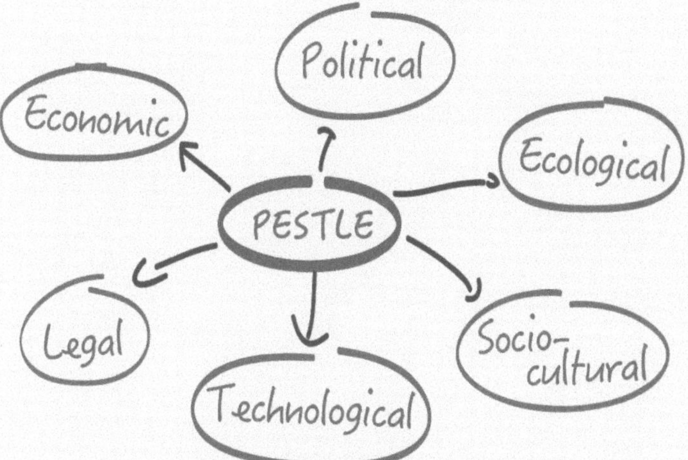

PESTLE ANALIZI

İş ortamınızı anlayın ve planlayın

tarafından yazılmıştır Thomas del Marmol
tarafından çevrildi Baris Şahin

PESTLE ANALİZİ

ANAHTAR BİLGİLER

* **İsimler:** PESTLE analizi, PESTEL analizi, PESTLE çerçevesi.

* **Kullanım** Alanları: PESTLE analizi, bir yöneticinin işletmenin gelecekteki gelişimi üzerinde etkili olabilecek temel makroekonomik faktörleri belirlemesini sağlar.

* **Neden başarılıdır?** Gelecekte ilgi çekebilecek makroekonomik değişkenlerin belirlenmesi ve farklı senaryoların oluşturulması, yöneticinin işletmenin uygun şekilde gelişmesini ve sürdürülebilirliğini sağlamak için gereken stratejik kararları daha iyi tahmin etmesine olanak tanır.

* **Anahtar kelimeler:**

  o Rekabet avantajı: bir kuruluşun olumlu bir şekilde öne çıkmasını ve belirli bir sektördeki rakiplerinin önüne geçmesini sağlayan bir varlık.

  o Rekabet stratejisi: yenilik ve rakiplerden daha büyük avantajlar yoluyla işletmenin başarısını en üst düzeye çıkarmak amacıyla uygulanan metodoloji.

  o Ekonomik durum: bir varlığın siyasi, ekonomik ve sosyal unsurlarının tümü tarafından belirlenen genel konumu.

- Pivot değişken: şirketin gelişimini büyük ölçüde etkileyebilecek çok önemli bir unsur.

- Senaryo: yakın veya uzak gelecek için olası teorik projeksiyon.

ŞİRKET VE ÇEVRESİ

Sürekli değişen bir çevre ile karakterize edilen mevcut toplumumuz, eskisinden birçok yönden farklılık göstermektedir. Değişen ve rekabetçi ortama uyum sağlamak, işletmelerini ayakta tutmak ve önümüzdeki yıllarda başarılı olmalarına yardımcı olmak isteyen her yönetici için artık bir zorunluluk haline gelmiştir. Çevre (makroekonomik boyut), aslında sektör veya endüstriden bağımsız olarak piyasadaki her şirket için hem fırsat hem de tehdit kaynağı olduğunu kanıtlamıştır.

Bu nedenle, lambda makroekonomik fenomeninin doğrulanmış bir öngörüsü, rakiplerinden önce verimli bir şekilde tepki vermelerini sağlıyorsa, yönetici için kısa sürede doğrudan bir rekabet avantajı sağlayacaktır. Öte yandan, bir yönetici piyasadaki önemli bir olayı hafife alırsa, rekabetçi ve agresif stratejileriyle yüzleşmek zorunda kalacağından, tahminleri daha eksiksiz olan rakiplerine karşı kendilerini hızla mücadele ederken bulacaklardır. Örneğin, internetin sunduğu genişleme ve fırsatları zamanında öngöremeyen şirketler milenyumun başında zor zamanlar geçirmiştir.

Gelecekteki bazı olayları tahmin etme yeteneği bir şirketin başarısının, iyi gelişiminin ve hatta bazı durumlarda hayatta kalmasının anahtarı gibi göründüğünden, ortamdaki bir değişiklikten sonra göstergelerin zaten kaçınılmaz olarak o yönde hareket ettiğini iddia eden insanlar her zaman vardır. Ancak bu göstergeleri tahmin etmek hiç de kolay değildir ve hiç kimse geleceği tahmin edebilecek bir kristal küreye sahip değildir.

Bu belirsizlik bağlamında, belirli bir çevrede bir kuruluşla ilgili makroekonomik değişkeni tanımlamayı ve analiz etmeyi amaçlayan PESTLE analizi ortaya çıkmıştır.

MODELİN TANIMI

Analize, modelde yer alan altı makroekonomik değişken kategorisinin (Politik, Ekonomik, **Sosyo-kültürel**, Teknolojik, Yasal ve Çevresel) baş harflerinden oluşan kısaltmaya atfen PESTLE adı verilmiştir. Model ilk olarak, yöneticilerin işletmenin gelişimi için dikkate almaları gereken ve olasılıkları hala nispeten belirsiz olan makroekonomik değişkenleri (fırsatlara karşı potansiyel riskler) belirlemelerine olanak tanır. Daha sonra model, yöneticinin bu belirsiz değişkenlere dayalı farklı senaryoları kavramsallaştırmaya başlamasına yardımcı olarak neler olabileceğini daha iyi tahmin etmesini ve geleceğe yönelik doğru kararları şimdiden almasını sağlayabilir.

 **MAKRO ÇEVRE NEDIR?**

Bir kuruluşun çevresi üç farklı katmana ayrılabilir:

rakipler ve pazar;

endüstri (yani kurumsal sektör);

Makro-çevre, en üst düzey katman olup, neredeyse tüm kuruluşları az ya da çok etkileyen geniş çevresel faktörlerden oluşur. (Johnson vd., 2008).

TEORİ

BAĞLAM VE KAVRAM

PESTLE analizinin kökeni nispeten belirsizliğini korumaktadır. Ancak bazı yazarlar, ilk izlerinin Francis J. Aguilar'ın *Scanning the Business Environment* (1967) adlı kitabında bulunabileceği konusunda hemfikirdir. O dönemde model, makroekonomik değişkenlerin ilk kategorilerine karşılık gelen PEST analizi olarak adlandırılıyordu: politik, ekonomik, sosyo-kültürel ve teknolojik.

1970'ler ve 1980'ler boyunca birçok önemli yazar tarafından kullanılmış ve mükemmelleştirilmiştir: Liam Fahey (Leadership Forum Inc. danışmanlık kuruluşunun direktörü ve Boston College'da yönetim profesörü), Vadake K. Narayanan (Drexel Üniversitesi'nde yönetim profesörü) ve Arnold Brown (danışmanlık proje yöneticisi) bunlardan sadece birkaçıdır. Bu farklı çalışmalardan, ilk modelin PEST, SLEPT veya STEEPLE analizi adı altında çeşitli uzantıları ortaya çıkmıştır. Sonunda, 'yasal' ve 'çevresel' ek değişkenler korunmuş ve bugün en yaygın kabul gören PESTLE modeli ortaya çıkmıştır. Bununla birlikte, bazılarının 'siyasi' ve 'hukuki' yönleri tek bir 'siyasi hukuki' terimi altında birleştirmeyi tercih ettiğini ve PESTE kısaltmasını oluşturduğunu unutmayın.

Değişkenler koleksiyonu

Bu, hem iş planlarını, üretim veya pazarlama stratejilerini tamamlamak hem de yeni projeleri başlatmak için (örneğin, şirketin henüz girmediği bir pazarda yeni bir ürün geliştirirken) popüler ve düzenli olarak kullanılan bir model olduğundan, yaklaşım spesifik olmalıdır.

PESTLE analizinin temel amacı, bir şirketin gelişimi üzerinde (ürünleri, markası ve hatta tüm organizasyonu açısından) önemli bir etkiye sahip olabilecek kaçınılmaz makroekonomik değişikliklerin belirlenmesidir. Bu nedenle, dış çevrenin kapsamlı bir çalışmasını yapmakla ilgili değildir: makroekonomik değişkenlerin derinlemesine analizi yalnızca belirli bir şirketle ilgilidir, böylece kendi ölçeğinde meydana gelmesi muhtemel değişiklikleri öngörebilir.

Gerçekten de, önümüzdeki yıllarda meydana gelecek tüm makroekonomik olaylardan sadece bazıları şirketin gelişimi üzerinde gerçek bir etki yaratacaktır. Bu nedenle, kuruluşu doğrudan veya dolaylı olarak etkileyebilecek değişkenler ile sürdürülebilirliği üzerinde yalnızca küçük bir etkisi olacak değişkenler arasında ayrım yapmak yöneticinin sorumluluğundadır. Dolayısıyla, bir petrol şirketinin başındaki yönetici, kaya gazının katkılarına ilişkin son keşiflere bir nakliye şirketinin yöneticisi ya da bir sandviç dükkanı sahibi ile aynı şekilde tepki vermeyecektir!

Makroekonomik değişkenler, nispeten birbirine bağlı olmakla birlikte altı farklı kategoride sınıflandırılmıştır.

Şekil 2 – PESTLE analizinin 6 değişkeni

- **Siyasi değişkenler.** Bir ülkedeki siyasi eğilimler (hükümet baskısı, para politikası, vb.) orada yer almayı seçen şirketi önemli ölçüde etkiler: yerleşik kamu yetkilileri, günlük operasyonlar ve bir şirketin finansal (nominal faiz, vb.) ve sosyal (istihdam yardımı, sübvansiyonlar, vb.) yönlerinin beklentileri üzerinde doğrudan etkisi olabilecek giderek daha fazla karar almaktadır. Çatışma, yolsuzluk seviyesi veya devlet müdahalesinin derecesi gibi diğer unsurlar da dikkate alınmalıdır. Ayrıca, sürekli hükümet çatışmalarının yaşandığı bir ülkede ticari bir iş kuran bir girişimci, istikrar ve barışın hakim olduğu bir ülkede yaşayanlardan farklı olacak yerli halkın ihtiyaçlarına cevap verdiğinden emin olmalıdır. Ayrıca uluslararası ticaret politikalarını yöneten Avrupa Komisyonu ve Dünya Ticaret Örgütü (DTÖ) gibi organlar olduğunu da unutmayın.

- **Ekonomik değişkenler.** Bir şirketin ekonomik durumu değiştirmesi neredeyse imkansız olsa da, dalgalanmalarla daha iyi başa çıkabilmek için kesinlikle hazırlık yapabilir. Bir ülkenin GSYH'sinin gelişimini, vergi oranlarını ve halkın satın alma gücündeki büyümeyi gözlemlemek, yönetsel karar verme için gerekli tüm faktörlere sahip olmak açısından çok önemlidir. Bir işletmenin ekonomik başarısı, sektörle ilgili temel rakamların gözlemlenmesini ve tüketici eğilimlerinin analizini de içerir. Bu nedenle, satın alma gücünde önemli bir düşüşün öngörülmesi, şirketin kayıpları en aza indirmek için genel stratejisini uyarlamasına olanak tanır.

- **Sosyo-kültürel değişkenler.** Satın alma davranışlarını anlamak için bir nüfusun özelliklerini (demografi, yaş dağılımı, vb.) bilmek, bir pazarı fethetmek için çok önemlidir. Ayrıca, tarih (kökler ve gelenekler) ile dini ve sosyo-kültürel etkiler (moda, medya, iletişim araçları, vb.) şirketin ilgili bireylerin özel ihtiyaçlarına ilişkin analizlerini geliştirmesine olanak tanır. Örneğin, Akdeniz ülkelerinin vatandaşları, kültürleri, yaşadıkları iklim veya dinleri nedeniyle Baltık ülkelerindeki meslektaşlarından birçok yönden farklı ihtiyaçlar geliştirmektedir.

- **Teknolojik değişkenler.** Günümüzde pek çok uzman gezegenin her köşesinde mevcut süreçlerde devrim yaratacak çalışmalar yürütüyor. Bu bulgulardan bazılarının hedef pazarı etkileme olasılığı düşük olsa da, diğerleri normları tamamen alt üst etme potansiyeline sahiptir. İnternet devrimi birçok yönetici için sürpriz oldu ve artan kullanımını öngörebilenler önemli bir rekabet avantajı elde etti. Bu nedenle, şirketin seçtiği alanda (ana iş) Ar-Ge (araştırma ve geliştirme) ve inovasyon uygulamalarının araştırılması doğal görünmektedir. Ürünün yanı sıra hazırlanmasında ve müşteri tarafından edinilmesinde yer alan süreçlerin sürekli olarak yeniden değerlendirilmesi, başarılı bir teknolojik gözlemin anahtarıdır.

- **Yasal değişkenler.** Şirketin bulunduğu veya bulunacağı ülkedeki düzenlemelerden (iş kanunları, ticaret kanunları, vb.) haberdar olmak – mevzuat bir yerden diğerine değiştiğinden – şirketi olası yasal saldırılardan korumanın ve yasal kısıtlamalar dahilinde mümkün olan en iyi şekilde hareket etmenin en iyi yollarından biridir. Örneğin, silah taşımaya ilişkin düzenlemeler her ülkede aynı değildir ve bu sektörde faaliyet göstermek isteyen akıllı bir tüccar, iletişim ve dağıtımını ilgili ülkede yürürlükte olan mevzuata göre hızla uyarlayacaktır. Vergi teşvikleri de iyi bilgilendirilmiş bir yöneticinin diğer ülkelerden ziyade bazı ülkelere yönelmesine neden olabilir.

- **Çevresel değişkenler.** [21.] yüzyıl, çevre ve sürdürülebilir kalkınmayı her zamankinden daha fazla tartışmaların merkezine yerleştiren [20]. yüzyılın devamı niteliğindedir. Endişe verici iklim değişikliği, sürekli artan kirlilik, bir ülkeden diğerine değişen atık ayrıştırma, vb. günümüzde bu konular giderek daha fazla insanı ve onları yönetenleri ilgilendirmekte ve meşgul etmektedir. Bu endişe bazen ticari dünyayı doğrudan etkilemektedir. Enerji kullanımının veya kirlilik seviyelerinin kontrolü, bölgesel, ulusal ve/veya uluslararası otoriteler tarafından alınan birçok önlemden iki örnektir. Bunlar bir kuruluşun faaliyetlerinin gidişatını etkileyebilir. Bu arada, örneğin organik ürünler gibi yeni pazarlar da yaratılmaktadır.

Aşağıdaki tablo, belirlenen her bir kategori için başlıca makroekonomik değişkenlerin bir özetini göstermektedir. Kapsamlı olmayan bu liste, her bir şirketin kurumsal sektörüne ve belirli ülkelere göre tamamlanmalıdır.

Pivot değişkenlerin belirlenmesi

Alıştırmanın temel zorluğu, belirli bir şirketle ilgili değişkenlerin belirlenmesinde yatmaktadır. Sıralamanın iyi yapılmaması halinde risk, her birine gereken dikkati gösteremeyecek ve dolayısıyla fırsatları veya yakın tehditleri kaçıracak kadar çok bilgiyle karşılaşmaktır. Bu nedenle, şirket için yaklaşan önemli olayları daha iyi anlamak için pivot değişkenleri belirlemek çok önemlidir.

Pivot değişkenler 'bir sektörün veya pazarın yapısını önemli ölçüde etkileyebilecek faktörlerdir' (Johnson ve diğerleri, 2008: 64). Bu değişkenler sonuç olarak sektörün ve pazarın türüne göre farklılık göstermektedir – her ne kadar bazıları tüm şirketlerin aynı tehditlerle karşı karşıya olduğunu iddia etse de, pazarların küreselleşmesi artmaya devam etmekte ve uluslararası ticareti yöneten kurumlar sürekli olarak oluşturulmaktadır. Dahası, bu tehditler zaman içinde değişmekte, bu da kullanılan verilerin sürekli sorgulanmasına yol açmaktadır. İster tüketici zevkleri ister ekonomik durum düzeyinde olsun, değişken bir ortamda çalışmak, yöneticiyi düzenli olarak pazar araştırmalarına başvurmaya ya da bu değişkenlerin uygunluğunu doğrulamak için 'sahaya' çıkmaya zorlar.

Senaryo oluşturma

Veriler toplandıktan, tanımlandıktan ve pivot değişkenlere göre olasılıklarına ve potansiyel etkilerine göre sınıflandırıldıktan sonra, yöneticinin senaryolar oluşturması gerekecektir. Bunlar şirketin geleceği için olası alternatifleri temsil eder. Örneğin, gayrimenkul sektörünün eksen değişkenlerinden biri, bireylerin yatırımlarını yapmalarını sağlayan mortgage oranlarıyla doğrudan bağlantılıdır. Bu durumda, bir inşaat şirketinin başkanı farklı senaryolar hayal edecektir: oranın hafifçe arttığı bir senaryo, güçlü bir şekilde azaldığı ikinci bir senaryo, durgunlaştığı üçüncü bir senaryo vb.

PESTLE MODELİNİ KULLANMANIN AVANTAJLARI

PESTLE analizi geleceğin ne getireceğini tahmin etme iddiasında olmasa da, şirketin geleceği hakkında proaktif ve yapıcı tartışmalar başlatmak için yararlı olduğunu kanıtlamaktadır. Bu aracın uygun şekilde kullanılması, şirket için potansiyel fırsat ve tehditlerin tespit edilmesini mümkün kılar ve bu da hızla önemli bir rekabet avantajına dönüşebilir. PESTLE modeli kapsamlı bir bakış açısını, geri adım atma fırsatını ve belirli bir esnekliği desteklemektedir.

Senaryoların kullanımı özellikle yüksek belirsizlik derecesine sahip az sayıda eksen değişkeni olduğunda faydalıdır. Bunlar şirket için birbirinden tamamen farklı iki geleceğe yol açabilir ve her birinin cevabını ve her şeyden önce şirketin performansına potansiyel katkılarını doğru bir şekilde belirlemek yöneticiye bağlıdır. Tanımlanan farklı senaryolara bağlı olarak, bunlardan herhangi birinin gerçekleşmesi durumunda ideal tepkileri tahmin etmek mümkündür. Ayrıca, en olası senaryoda şirketin başarısı için gerekli unsurları önceden hazırlamak amacıyla her bir senaryonun gerçekleşme olasılığını ölçmek de mantıklıdır.

Farklı senaryolar belirlendikten sonra, bunların her birini derinlemesine analiz etmek, gerçekleşme olasılıklarını ve bunun şirket üzerinde yaratacağı doğrudan etkiyi değerlendirmek yöneticiye ve danışmanlarına düşmektedir.

PRATİK UYGULAMA

TAVSİYELER VE EN İYİ İPUÇLARI

Bilgi sıralama ve geliştirme

Makroekonomik verilerin toplanması bazen her zaman tamamen güvenilir olmayan bilgilerin dahil edilmesini gerektirir. Bu nedenle, yöneticinin doğru olup olmadığını kontrol etmek için temel gerçekliğini derhal test etmesi şiddetle tavsiye edilir. Bu durumda, toplanan bilgilerin yeni piyasa verileriyle sürekli olarak karşılaştırılması da önemlidir.

Yukarıda önerilen sınıflandırmaya göre, birçok değişkenin birbirine bağlı olduğu görülmektedir. Gerçekten de, bir kirlilik vergisinin uygulamaya konulması hem yasal hem de çevresel yönleri ilgilendirmektedir. Benzer şekilde, yeni teknolojinin ortaya çıkması bir ülkenin belirli ekonomik ve sosyo-kültürel yönlerini etkileyebilir. Bu nedenle, önerilen sınıflandırma değişkenler arasında sıralama yapması gereken yönetici için faydalı olsa bile, her ayrıntıda sistematik olarak uygulanması gerekmez. Aslına bakılırsa, değişkenleri bir kategoriye ya da diğerine sınıflandırmanın önemi görecelidir: örneğin, bir ülkenin maliye politikasının siyasi, ekonomik ya da hukuki kategorilerden hangisiyle daha fazla ilgili olduğuna karar vermek için saatler harcamak çok da ilgi çekici değildir. Esasen şirket üzerindeki çeşitli makro ekonomik etkilerin listelenmesi için yapılandırılmış bir yöntem olduğundan, asıl zorluk bu verilerin uygunluğunun ve kuruluş üzerindeki potansiyel etkisinin belirlenmesinde yatmaktadır. Bilgilerin sıralanmasını kolaylaştırmak için, sektör üzerinde etkisi olan geçmiş olaylarla karşılaştırmalar yapmak da faydalı olabilir.

Senaryoların oluşturulması gelecekteki olası durumların kapsamlı bir görünümünü sağlar, ancak her durumda çok spesifik bir şekilde gerçekleştirilmemelidir: PESTLE analizi belirli yönergeleri dikte etmeye çalışmaz, bunun yerine senaryolardan birinde açıklanan bir durumun gerçekleşmesi durumunda alınacak olası stratejik kararlar hakkında tartışmalar başlatır. Ara senaryoyu tercih etme eğiliminden kaçınmak için genellikle çift sayıda senaryo (iki veya dört) seçilmesi tavsiye edilir.

Uygulamalar

PESTLE analizinin uygun olduğu birçok zaman ve durum vardır:

* **Yeni bir işletmenin lansmanı.** Hissedarları şirkete yatırım yapmaya ikna etmek için gerekli olan bir iş planı oluşturmak, pazarın ve tüketici çekiciliğinin kapsamlı bir analizini göstermek için stratejik araçların kullanılmasını gerektirir. Bu bağlamda, PESTLE analizi yatırımcılara makroekonomik ortamın piyasadaki bir şirketin gelişimi için elverişli olduğunu kanıtlayabilir veya durum böyle değilse, en azından şirketin risk değişkenlerinin farkında olduğu ve bunları telafi etmenin bir yolu olduğu gerçeğine dikkatlerini çekebilir.

- **Yeni ürünlerin geliştirilmesi veya yeni projelerin başlatılması.** Benzer şekilde, PESTLE analizi yöneticinin çevrenin yeni bir ürünü pazara sunmaya hazır olup olmadığını değerlendirmesini sağlar. Yeni bir proje üstlenme kararı da detaylı bir analizin konusu olabilir.

- **Şirket organizasyonunun yeniden değerlendirilmesi.** Şirketin kuruluşu sırasında yapılan seçimler, çoğu pazarın sürekli evrimi karşısında hızla eskimiş hale gelebilir. Gerçekten de, nüfusun zevkleri hızla değişebilir, ekonomik koşullar dalgalanabilir, yeni teknolojiler ortaya çıkabilir, vb. Şirketin stratejisi, PESTLE analizinde ve diğer teşhis araçlarında düzenli güncellemeler yapılarak, son olayları da içerecek şekilde sürekli olarak yeniden değerlendirilmelidir.

- **Pazarlama stratejisinin karar alma süreci.** Bir sektörün makroekonomik değişkenleri hakkında, özellikle de sosyo-kültürel düzeyde bilgi sahibi olmak, hedef kitleyle doğru iletişim kurmak için çok önemli olabilir. Bölgenin kültürel normları nelerdir? Ülkenin tarihi nasıldır? Bu sorular, ürünlerinin nüfusun bir kesimi tarafından benimsendiğini görmek isteyen şirket için zaman ve para açısından maliyetli hatalardan kaçınmaya yardımcı olacaktır.

Ekstrapolasyon

Toplanan değişkenler, bunları analiz eden kişilerin deneyim ve geçmişlerine bağlı olarak farklı şekillerde yorumlanacaktır. Bir ekonomist, hükümetteki bir değişikliğin sonuçlarını bir avukat veya sosyolog ile aynı şekilde algılamayacaktır.

Uzmanların etkileşimi, yeni tanımlanan bir değişkenin etkilerinin en iyi şekilde tahmin edilmesini sağladığından, doğru kişilerle çalışmak çok önemlidir.

Sektörün analiz edilmesi

PESTLE analizi kullanılarak yapılan hazırlık çalışması, yöneticinin şirketin sürdürülebilirliğini sağlayacak ilgili kararları almasına yardımcı olur. Bu kararların süreçler ve kuruluşun tüm üyelerinin çalışmaları üzerinde doğrudan ve dolaylı bir etkisi olacaktır.

Bu nedenle, PESTLE analizi çerçevesi kullanılarak alınan kararlar, ekibi herkes tarafından anlaşılan ve benimsenen ortak bir vizyon etrafında bir araya getirmek için tüm kuruluşla paylaşılmalıdır. Tüm kuruluşun desteği, PESTLE analizinden doğan kararlarda başarının belki de en önemli anahtarlarından biridir. Günlük iş hayatına ilişkin alınan kararların uygulanması kolaylaşacaktır.

ÖRNEK OLAY İNCELEMESİ

Belçika Posta Grubu (bpost)

1790 yılında Belçika'da belediye postanesi ortaya çıktı. Faaliyetleri, bugün bildiğimiz kamu limited şirketi bpost haline gelene kadar sürekli gelişti. 1963'te her eve bir posta kutusu zorunluluğu getiren reform, düzenli postanın gelişimine gerçek bir ivme kazandırmış olsa da, şirket 2000'li yılların başından bu yana yeni zorluk-larla karşı karşıya. Yeni iletişim araçlarının ortaya çıkması ve internet kullanımının giderek yaygınlaş-ması, bir zamanlar kağıdın hakim olduğu sektördeki durumu bir şekilde değiştirdi. Dahası, bpost bir zaman-lar posta pazarını tekelinde tutarken, 2011 yılında reka-betin başlaması bpost'un alışkın olduğu operasyonel modları bir kez daha sarstı.

İşte bu kesintili ortamda şirket 2013 yılında yeni bir hiz-met başlatmaya karar verdi: *Alışveriş ve Teslimat* ya da 'randevulu bpost', web sitesi üzerinden önceden verilen siparişlere göre alışverişleri müşterilerin evlerine teslim etmeyi amaçlıyor. Bunu yapmak için şirketin amacı, maksimum sayıda insanı memnun etmek için piya-sada halihazırda kurulmuş olan tüccarlarla ortaklıklar kurmaktır. Bpost böylece paydaşlarıyla olan mevcut uzun vadeli güven ilişkisine dayanmaktadır: şirket bir yandan satıcılara e-ticaret platformu gibi bir ortam sunarak alışverişlerini internet üzerinden yapan insan-lara ulaşmalarını sağlarken, diğer yandan bpost posta müşterileri hafta içi her gün saat 17:00 ile 21:00 arasında alışverişlerinin eve teslim hizmetinden yararlanmakta-dır. Müşteriler internet üzerinden ürünlerini seçebiliyor ve koli başına 9.95 €'luk tek bir fiyat karşılığında tesli-mat yeri ve zaman dilimini belirleyebiliyor.

Tamamlanan PESTLE analizi

Yukarıda tartışıldığı üzere, yeni bir proje başlatmaya karar verirken, gelecekteki makroekonomik değişken-lerin iç ve dış yönlerini tam olarak anlamak için PESTLE analizini kullanmak akıllıca olabilir. Bu durumda, bu analiz için seçilen ilgili değişkenler, bpost'un uygulamak istediği *Shop and Deliver* projesinin başlatılmasıyla ilgilidir.

Senaryo oluşturma

Bilinmeyen değişkenler belirlendikten sonra, yönetici bu değişkenlerin olası gelişimini ve şirket üzerindeki etkilerini tahmin etmek için farklı senaryolar oluşturacaktır. Bu vaka çalışması için toplanan çok sayıda değişken göz önüne alındığında, sosyo-kültürel değişkenler için dört senaryo oluşturmaya odaklanacağız.

Projenin başarısı hem hizmetin halk tarafından kabul görmesine hem de e-ticaret yoluyla satışların artmasına bağlıdır. Bu iki koşulun yerine getirilmesi bir dizi hesaplanamaz unsura dayanmaktadır, bu nedenle farklı senaryolar oluşturmak çok önemlidir. Aşağıdaki diyagram, değişkenlerin gerçekleşmesine bağlı olarak şirket için farklı evrim senaryolarını göstermektedir.

Bundan böyle, şirket tüm olasılıkları öngörebilir: yönetici her senaryoya mümkün olan en iyi şekilde yanıt vermeye hazır olmalı ve bir senaryonun gerçekleşmesi durumunda özel çözümler sunmalıdır.

Sonuç

- Sonuç olarak, bpost büyük ölçüde Belçika Devletine ait bir şirket olmaya devam etse de, yıllar içinde artan bir bağımsızlık kazanmıştır, böylece artık kamu yardımı veya varlıklarıyla ayakta kalamaz ve bu da onu son derece rekabetçi olmaya teşvik eder.

- Ana faaliyet alanı zayıf bir imajın yanı sıra birçok olumsuz faktör nedeniyle daha az faaliyet göstermekten muzdariptir. Teknolojik gücünü ve kârlılığını (2013'te %17,96 normalleştirilmiş FVÖK marjı), alışverişlerini yapmak için e-ticareti giderek daha fazla kullanan tüketicilerin yaşam tarzı değişikliklerine hazırlanmak amacıyla *Alışveriş* Yap ve *Teslim Et de* dahil olmak üzere bir dizi stratejik çeşitlendirme yapmak için kullanmakta her türlü çıkarı vardır.

- Şirketin *Alışveriş ve Teslimat* faaliyeti ek gelir sağlayarak kâr kaynaklarını çeşitlendirmesine olanak tanıyacaktır. Proje teklifi yönetim tarafından onaylandı: şu anda geliştirme aşamasında olan proje önümüzdeki aylarda uygun bir şekilde başlatılacak. Bu projenin başarı mı yoksa başarısızlıkla mı sonuçlanacağını zaman gösterecek.

- Bu durumda PESTLE analizinin kullanımı gerçekten de yerinde olsa da yetersiz kalmaktadır. Aslında bu analiz, şirketin çevresiyle bütünleşme ve karlılık arayışındaki ana varlıklarını belirlemek için güçlü ve zayıf yönlerine ilişkin kapsamlı bir araştırma ile tamamlanmalıdır: tehditler ve fırsatlar (SWOT analizi) ile pazarın rekabete açılması (Porter'ın beş (+1) güç analizi), herhangi bir yönü gözden kaçırmamak ve mümkün olan en iyi tahminleri elde etmek için gerektiği şekilde dikkate alınmalıdır.

SINIRLAMALAR VE ELEŞTİRİLER

Model işletme yöneticileri arasında çok popüler olsa da, diğer tüm stratejik modeller gibi PESTLE analizi de kendi payına düşen sınırlamalara sahiptir.

- **Göreceli küresel vizyon.** Ana sınırlamalardan biri aslında modelin en popüler faydalarından birinin sonucudur: geniş bir makroekonomik değişken yelpazesini kapsamak isteyen yönetici, kaçınılmaz olarak karşı karşıya kaldığı bilgi miktarı karşısında kendini hızla bunalmış bulabilir. Aslına bakılırsa, ilgili makroekonomik değişkenleri sıralamanın önemini vurgulamak ile bunu pratikte yapmak arasında büyük bir fark vardır. Belli bir noktada, tüm değişkenler önemli görünür ve oluşturulacak senaryoların sayısı o kadar fazladır ki Steve Jobs'un kendisi bile ilgili sonuçları çıkarmakta zorlanır! Pivot değişkenleri belirlemek için yetkin olmak her zaman yeterli değildir. Bazen iyi bir sezgiye sahip olmak ve bunu sorgulamak gerekir: örneğin, kendinizi kolektif zeka geliştirebilen çok disiplinli bir ekiple çevrelemek ve iyi bir şansa güvenmek. Bununla birlikte, titizlikle çalışarak ve mümkün olduğunca geniş analizler yaparak şansı etkilemek mümkündür.

- **Güvenilmez senaryolar.** Durumlar teorinin aksine pratikte genellikle farklıdır ve tahmin edilenler her zaman gerçeklikle örtüşmez. Bu açıdan bakıldığında, araç faydalı görünmekle birlikte somut bir güvenilirliğe sahip değildir.

- **Objektiflik eksikliği.** Birçok yöneticinin bir pivot değişken için üç ayrı senaryo uygulamayı tercih ettiği gözlemlenmiştir: iyimser bir senaryo, kötümser bir senaryo ve bir orta senaryo. Bu taktik, yöneticiye strateji geliştirirken mümkün olduğunca objektif davrandığı izlenimini verse de, gerçekte bu durum çoğu zaman onu orta senaryo lehine diğer iki senaryoyu göz ardı etmeye zorlamaktadır. Sonuçta sadece bir tanesiyle ilgileneceksek, birkaç senaryo oluşturmanın ne faydası var?

- **Sayısallaştırılması imkansız olan etki.** Son olarak, bu modeli kullanarak piyasayı etkileyebilecek başlıca makroekonomik değişiklikleri belirlemek mümkün olsa da, bu değişkenlerin sektör üzerindeki spesifik etkisini değerlendirmenin zor ve ölçmenin daha da zor olduğunu unutmayın.

İLGİLİ MODELLER VE UZANTILAR

PESTLE analizi kuruluşun çevresinin üç seviyesinden yalnızca biriyle ilgili olduğundan, yalnızca değişkenlerine dayalı bir analizin şirket için bir strateji geliştirmekle ilgili olduğu düşünülemez.

İlk başta ilginç görünse de (makro çevredeki ana eğilimleri belirlemek için), PESTLE teşhisi, kuruluşun yakın çevresini, yani makro çevresini inceleyen diğer araçlarla tamamlanmalıdır: endüstri, doğrudan rakipler vb. Daha sonra, Porter'ın beş (+1) güç analizi ve SWOT analizi şirketin stratejisi üzerindeki yansımayı tamamlar.

Porter beş (+1) kuvvet analizi

Amerikalı profesör Michael Porter tarafından 1979 yılında geliştirilen beş (+1) güç analizi, bir endüstrinin çekiciliğini gözlemlememizi ve rekabetçi davranışlarını belirlememizi sağlar. Model, rekabet avantajı kavramına dayanmaktadır. Bu nedenle, mevcut ve potansiyel rakiplerin her birinin gücünü anlamak ve daha iyi değerlendirmek için sektördeki ana rekabet güçlerini gözlemlemek yöneticinin görevidir.

 **REKABET AVANTAJI NEDİR?**

Rekabet avantajı kavramı, "bir ürün veya markanın sahip olduğu ve ona en yakın rakipleri karşısında belirli bir üstünlük sağlayan tüm özellik veya nitelik-lere" dayanmaktadır. Bu özellikler veya nitelikler doğası gereği çeşitli olabilir ve ürünün kendisiyle [...], temel hizmete eşlik eden gerekli veya ek hizmetlerle ya da ürünün veya şirketin üretim, dağıtım veya satış koşullarıyla ilgili olabilir" (Lambin ve de Moerloose, 2008: 250).

Bu güçler şunları temsil etmektedir:

- tedarikçilerin pazarlık gücü

- müşterilerin pazarlık gücü

- yeni girişlerin tehdidi

- ikame ürünler

- sektörler arası rekabet

- devletin rolü (daha sonra dahil edilecektir).

İlgili güçleri değerlendirme görevi yöneticiye aittir: amaç, sektörün mevcut ve gelecekteki çekiciliğini, yani gelişme beklentilerini ve işlerinin performansını belirlemektir. Genel olarak, Porter'ın beş (+1) güç analizi, şirketin optimum gelişimini sağlayan temel başarı faktörlerini belirleyerek sonuçlanır.

SWOT Analizi

1960'larda Harvard Business School'dan birkaç profesör tarafından geliştirilen SWOT analizi, şirketin özellikleri ve çevresiyle ilgili faktörlerden ana sonuçları çıkarmayı amaçlamaktadır. Modelin adı 'Güçlü Yönler', 'Zayıf Yönler', 'Fırsatlar' ve 'Tehditler' kelimelerinin oluşturduğu kısaltmanın sonucudur. Dolayısıyla, işletmenin temel güçlü ve zayıf yönlerini belirlemek ve sektörün karşı karşıya olduğu fırsat ve tehditlerin farkında olmak karar vericinin sorumluluğundadır.

SWOT analizine olan ilgi, işletmenin ve sektörün özelliklerinin listelenmesinden ziyade sonuçlarında yatmaktadır. Yönetici için sonuçlar, hem iç hem de dış çevreyle ilgili olarak şirkete özel bir stratejinin geliştirilmesine olanak tanıyacak herhangi bir ilgi noktası ve düşünülmesi gereken noktalar olacaktır.

MODELLERİN BİRLEŞTİRİLMESİ

Tecrübeli bir yönetici bu modellerin birbirini tamamlayıcı şekilde kullanılmasının faydalarını hemen anlayacaktır. Her ne kadar tek başlarına faydalı olsalar da, asıl rasyonel stratejik kararlar bu modeller arasındaki bilgilerin kesişmesi ve örtüşmesi yoluyla formüle edilebilir.

Çevrenin analizi, belirli modellerin uygulanmasının daha sonraki modellerin oluşturulmasını etkileyeceği çeşitli aşamaları takip eder. Bilgi toplamak zahmetli olsa da, sürdürülebilir rekabet avantajını korumak isteyen her şirket için çevreyi analiz etmek şarttır.

- PESTLE analizinin ilk izleri 1967 yılında Profesör Francis J. Aguilar tarafından yazılan *Scanning the Business Environment* adlı kitapta PEST analizi adı altında ortaya çıkmıştır. Birçok yazar tarafından incelenen ve geliştirilen bu analiz, daha sonra bugün bildiğimiz PESTLE modeline dönüşmüştür.

- PESTLE analizinin temel amaçları, makroekonomik değişkenlerin altı kategoriye – Politik, Ekonomik, **Sosyo-kültürel,** Teknolojik, Yasal ve Çevresel – ayrılması ve belirli bir şirketin geleceğini öngörmek ve sağlamak için gerekli olan bir adım geriye gitmektir.

  - Bu verileri gözlemlemek, işletmenin hangi ortamda geliştiğini veya gelecekte gelişeceğini anlamanızı sağlar. Bu küresel ve makroekonomik bakış açısı tüm şirketler için geçerlidir.

  - Modelin temel zorluğu, ilgili değişkenlerin söz konusu işletmeye göre sıralanmasında yatmaktadır. Bunların toplanması, şirketin sağlıklı gelişimi üzerinde çok önemli bir etkiye sahip olduğu düşünülen, ancak olasılığı hala belirsiz olan pivot değişkenlerin tanımlanmasına yol açar.

  - İster yeni bir şirket kurmadan hemen önce, ister yeni bir ürün ya da proje başlatmak için, ister bir şirketi yeniden organize etmek için ya da çevredeki yakın değişikliklerle karşı karşıya kalındığında kullanılsın, PESTLE analizi belirli bir durumun doğal eksen değişkenleri hakkında önemli bilgiler sağlar. Böylece, yönetici gözlemlerini kullanarak, toplanan bilgilere dayalı olarak bir dizi senaryo (tercihen çift sayıda) oluşturacaktır. Amaç, şirketin gelecekte karşılaşması muhtemel durumları daha iyi tahmin etmek ve şirketin sürdürülebilirliğini ve geleceğini sağlamak için çözümler sunmaktır.

- PESTLE analizi, daha önce toplanan makroekonomik değişkenlere dayanarak şirketin geleceği hakkında proaktif bir tartışma başlatmanızı sağlar.

- Tek başına kullanılması ilginçtir ancak yetersizdir. Porter'ın beş (+1) güç analizi ve SWOT analizi, iş çevresinin (mikro çevre) analizinde faydalı bir yardımcı olabilir.

- Bpost şirketinin durumu, şirket değişen bir çevreyle karşı karşıya kaldığında çevrenin yeni bir projenin başlatılması için uygun olup olmadığını analiz etmenin önemini göstermektedir.

- Son olarak, PESTLE analizinin değerli bir araç olduğunu, ancak geleceğin ne getireceğini kesin olarak tahmin edemeyeceğini unutmamak önemlidir. Bununla birlikte, şirketlerin rekabet avantajlarını daha iyi hazırlamak ve savunmak için başlıca eğilimleri belirlemelerine olanak tanır.

DAHA FAZLA OKUMA

BİBLİYOGRAFYA

AWT. (2013) *L'e-commerce 2013 en Wallonie.* [Çevrimiçi]. [Erişim tarihi: 11 Mayıs 2015]. İnternet Arşivinden erişilebilir: < https://web.archive.org/web/20131202084750/http://www.awt.be/web/dem/index.aspx?page=dem,fr,-b13,ent,050>

Bpost. (2013) *Bpost yıllık raporu 2012.* Brüksel: Bpost.

Curau, L. (2012) Avantages concurrentiels : les cinq forces de Porter. *Cafedelabourse.com.* [Çevrimiçi]. [Erişim tarihi: 11 Mayıs 2015]. Erişim adresi: < https://www.cafedelabourse.com/dossiers/article/avantages-concurrentiels-les-5-forces-de-porter#>

Dcosta, A. (2011) PESTLE Analizi Tarihçesi ve Uygulaması. *Bright Hub Proje Yönetimi.* [Çevrimiçi]. [Erişim tarihi: 11 Mayıs 2015]. Erişim adresi: < http://www.brighthubpm.com/project-planning/100279-pestle-analysis-history-and-application/>

Duguay, B. (2014) La capacité stratégique. *UQAM.*

Johnson, G., Scholes, K., Whittington, R. ve Fréry, F. (2008) *Stratégique.* [8. baskı]. Paris: Pearson Education.

Kashi, K. ve Dočkalíková, I. (2014) Uygulamada MCDM Yöntemleri: PESTEL Analizi Kriterlerinin Öneminin Belirlenmesi. *Uluslararası İstatistik ve Ekonomi Günleri.* [Çevrimiçi]. [Erişim tarihi: 11 Mayıs 2015]. Erişim adresi: < http://msed.vse.cz/msed_2014/article/362-Dockalikova-Iveta-paper.pdf>

Lambin, J-J. ve de Moerloose, C. (2008) *Marketing stratégique et opérationnel. Du marketing à l'orientation de marché.* [7. baskı]. Paris: Dunod.

Lopez, F. (2011) L'analyse PESTEL. *Actinnovation.* [Çevrimiçi]. [Erişim tarihi: 11 Mayıs 2015]. Erişim adresi: < http://www. actinnovation.com/innobox/outils-innovation/analy-se-pestel>

Nadkarni, S. ve Narayanan, V. K. (2007) Strategic Schemas, Strategic Flexibility, and Firm Performance: the Moderating Role of Industry Clockspeed. *Stratejik Yönetim Dergisi.* 28(3), s. 243-270.

PESTLEAnalizi. (2014) *Pestle Analizi Nedir?* [Çevrimiçi]. [Erişim tarihi: 11 Mayıs 2015]. Erişim adresi: < http://pest-leanalysis.com/>

Porter, M. E. (2008) The Five Competitive Forces That Shape Strategy. *Harvard Business Review.* 86(1), s. 25-40.

Posta&Parsel. (2012) *Bpost Aynı Gün Eve Teslimat Denemelerini Genişletiyor.* [Çevrimiçi]. [Erişim tarihi: 11 Mayıs 2015]. Erişim adresi: < http://postandparcel.info/52078/news/companies/bpost-extends-same-day-home-delivery-trials/>

Srivastava, R. K., Fahey, L. ve Christensen, H. K. (2014) Kaynak Tabanlı Görüş ve Pazarlama: Rekabet Avantajı Kazanmada Pazar Tabanlı Varlıkların Rolü. *Journal of Management.* 27(6), s. 777-802.

EK KAYNAKLAR

Aguilar, F. J. (1967) *İş Ortamının Taranması.* New York: Macmillan.

bpost web sitesi. http://www.bpost.be/site/fr/postgroup/index.html

Happycapital web sitesi. http://www.happy-capital.com/

Silva, N. (2012) SWOT Analizi ile PEST Analizi ve Bunların Ne Zaman Kullanılacağı. *Creately*. [Çevrimiçi]. [Erişim tarihi: 11 Mayıs 2015]. Erişim adresi: < http://creately.com/blog/diagrams/swot-analysis-vs-pest-analysis/>

Walsh, P. R. (2005) Strateji Yeniden Düzenleme Denklemine Senaryo Planlamasını Ekleyerek Çevresel Değişimin Belirsizlikleriyle Başa Çıkmak. *Management Decision*. 43(1), s. 113-122.

Yüksel, I. (2012) PESTEL Analizi için Çok Kriterli Karar Verme Modeli Geliştirilmesi. *Uluslararası İşletme ve Yönetim Dergisi*. 7(24).

Sizden haber almak istiyoruz!
Çevrimiçi kütüphaneniz hakkında yorum bırakın
ve favori kitaplarınızı sosyal medyada paylaşın!

Yayıncı, yayınlanan bilgilerin güvenilirliğini garanti eder,
ancak sorumluluğunu üstlenemez.

Ana ISBN: 9782808600569
Kağıt ISBN: 9782808602013
Yasal depozito: D/2022/12603/202

Dijital tasarım: Primento,
yayıncıların dijital ortağı.